maçã

elma

pera

armut

laranja

portakal

limão

limon

uvas

üzüm

morango

çilek

melancia

karpuz

coco

hindistan cevizi

banana

muz

framboesa

ahududu

quivi

kivi

cereja

kiraz

mirtilo

yaban mersini

ameixa

erik

pêssego

şeftali

figo

incir

ananás

ananas

manga

mango

dióspiro

trabzon hurması

couve-flor

karnabahar

curgete

kabak

beringela

patlıcan

cenoura

havuç

batata

patates

couve

lahana

tomate

domates

espinafre

ıspanak

brócolos

brokoli

ervilhas

bezelye

abóbora

bal kabağı

abóbora-menina

butternut kabağı

abacate

avokado

alcachofra

enginar

cogumelo

mantar

rabanete

turp

alho

sarımsak

cebola

soğan

beterraba

pancar

alho-francês

pìrasa

pimento

dolmalık biber

pimenta-malagueta

acı biber

espargos

kuşkonmaz

www.ingramcontent.com/pod-product-compliance
Lightning Source LLC
Chambersburg PA
CBHW042052110726

48006CB00002B/373